왜 그리운 것들만 더디 바래지는지

박위훈 시집

상상인 시선 029

왜 그리운 것들만 더디 바래지는지

* 저자의 의도에 따라 작품의 보조 동사와 합성 명사는 띄어쓰기가 달라질 수 있습니다.

* 본문 페이지에서 한 연이 첫 번째 행에서 시작될 때에는 〈 표기를 합니다.

시인의 말

시를 쓸 때만큼 갈증 난 적 또 있을까

슬픔의 비기悲器를 채워줄 한 줄 문장들
얼마나 갸륵한지

시,
길고도 짧은 만남을

박위훈

■ 차 례

1부 젖지 않는 기억은 그림자를 앓는다

어느 날은 아무거나였다가	019
별의 미장센	020
어둠의 살에 귀 하나 새겨 넣고	022
난젓	024
고래 해체사	026
잉여인간	028
모과나무 아래서	030
복쌈	032
허물이라는 허물	034
샛강에 귀 하나 던져두고	036
노숙의 별은 뉘 집 평상에 잠을 뉘일까	038
그 붉음에 대하여	040
조강	042

2부 소란한 수화

몽골반	047
백색왜성	048
추락, 그 후	050
마네킹	052
웅어	054
슬픔의 까끄라기	056
남겨진 고추장독에 대한 단상	058
자서의 거리	060
두부	062
그때, 오이지	064
봄밤의 일기	066
단디 해라	068
붓꽃척사	069

3부 아무것도 아닌 우리

도깨비바늘	073
향일암	074
곡두	076
갯땅쇠가 천민이다	078
샛길로 오는 입동	080
역마살 독설	082
황산도	084
아무것도 아닌 우리	086
소금쟁이 문장	088
김장화엄	090
7분의 계절	092
조강	094
덮다	095

4부 생채기가 시간을 흔들던 때

멜젓	099
골목 크로키	100
한하운 시인	102
사려니숲	104
석류의 문장	106
건너가는 홍시	108
수종사 풍경	109
북어 북어	110
물집	112
봉숭아	114
아버지는 아버지인 줄 모르고	115
대명포구	116
평화누리길 1	118
평화누리길 2	120
해설 _ 슬픔의 비기悲器에 채워진 "어느 날 아무거나"의 갸륵함	123
우대식(시인)	

1부

젖지 않는 기억은 그림자를 앓는다

어느 날은 아무거나였다가

층층 간절함이다

발끝을 세워 하나의 기원이 되기도 하는 탑
자발없이 틈만 보이는 허물의 한때 같다

무너지다 깨금발로 허공을 딛고 올라서는
여기가 마음속 적멸보궁이라는 건지
눈보시도 적선이라는 건지

너덜돌 몇 개 괸 소란이 바깥의 욕심 같아서
돌에게 미안했다

틈 하나 두어 소란한 침묵을 들이고 싶은데
돌을 잊고 탑의 귀마저 버리면 그냥 풍경인데

허투루 여긴 아무거나를
슬몃 괴어놓았다

낮음에 이를 때까지

별의 미장센

여기는 고립된 아고라의 제단
제사장의 휘둘리는 붓으로나 전생이 가늠될 뿐
방치된 채 오래 붙박여왔다
뜨거운 심장이 서서히 식어갔듯
형상으로 사육되거나 신화로 살아온 날들이
미필적 구속이었음을 알았을 땐
지층의 일부로 진화된 뒤다
어떤 아우성이다
어느 연대기의 짧은 구절로 기억되거나
바래 읽지 못할 문장으로나 남을
오롯한 인연이다
주검을 섬기려 또 다른 주검을 탁발한 오류다
잊히기 위해 잡혔단 말은 소통을 위한 변명
어떤 게 최선인지 몰라 화살은 매번 과녁을 비껴가고
생의 기대치는 늘 부재의 방죽을 넘는다
청동의 부러진 바큇살은 퇴화된 시제
툭 던진 빈말이 아직 영원을 달리는 것처럼
무관심만큼 무서운 폭력은 없다
클릭 한 번에 박제된 외벽이 사라진다
〈

찰나는 얼마나 긴 구속인가

시간의 층위가 광장의 서열이 될 수 없듯
발기를 영영 잊은 야생이
야사로 수장될 때
지층을 둘둘 말아 별자리로 이주하는 무리들
피안 너머까지 이끌 뭇별처럼
다투어 허공의 품을 밝히는
너는,

어둠의 샅에 귀 하나 새겨 넣고

발라진 울음이 낮다
한 부음이 자정의 담장을 넘는다
귀를 버린 내게 들리는 핏빛 이명
닳아 쉬어 터진 음정을 재생하는 엘피판처럼 어둠은
등을 맞댈수록 무딘 가시를 곤추세웠다

어떤 관절은 새소리를 달여 무릎이 서고
새벽은 음식물 봉투 속 불은 라면 면발을 딛고 온다
이슬의 찬 독배를 마신 돌배나무가
밤의 태엽을 나이테에 감으며 알려주던

당신의 적소寂所에서부터 어둠이 시작됐다는 말

가까워질 수 없는 관계는 허기이거나 어떤 소외
식어 화석이 된 심장에 온기가 돌듯
활처럼 휜 허기가 어둠의 거푸집을 할퀼 때
달무리를 감싼 주검의 문양을 보았다

부패된 귀로는 새를 부를 수 없어
어둠의 샅에 귀 하나 새겨 넣고 너를 듣는 밤

나이테에 감기는 비명을 사뿐, 물고 가파른 어둠을 딛는
나는, 곤줄박이 노래만큼 높은 것 없다며
발톱을 감춘 나는
야옹이다

난젓

매운 기억마저 얼어붙는 삼동
빈 가지가 쥔 여남은 모과는 향기에 기대 겨울을 쇠고
이내 자욱한 산으로 올라간 주인냥반
안개 낀 샛강 줄기처럼 가뭇없다
한도 삭히면 약이 되듯
칠백 평 고추 농사에 개먹은 한숨이
성긴 주름을 풀어 부르튼 입술을 시침질했다
닳아 짓물러 희미한 당좌撞座의 연꽃이
자늑자늑 소리의 보폭을 넓혀가듯이
때 절은 치맛자락을 타고 오르던 여린 넌출들
살아야 했다
나무도마의 패인 자국이 골 깊은 주름으로 눕는 밤
마름의 유세 같은 공공근로의 곱은 하루에
난젓 두어 자밤 올려 허기를 비비면
청상의 날들도 봇물 넘치듯 흘러갔다는 안동할매,
정지에서 생태 다지는 소리가 조왕신을 부르는 것 같다
틀어진 돌쩌귀처럼 바람 숭숭 들던 무릎걸음 소릴 듣고
혹여 젊은 주인냥반 찾아올까
서걱대는 서숙대도 두 귀 곧추세웠고
할매 저린 손목도 가뿐했겠다

삼동의 주름이 무장무장 깊어간다
예닐곱 날 지난 난젓 맹키로 그리운 것들만 더디 곰삭는다며
괘안타며 담뱃진 피어난 손끝에서
恨 몇 가락 자꾸 미끄러진다

* 사전에도 나오지 않는 말이다. 안동지방에서 삼동 무렵에 만들어 먹는 젓갈로 무, 생강을 잘게 썰어 뼈째 다진 생태를 고춧가루에 버무린 음식.

고래 해체사

만년의 잠영을 끝낸 밍크고래가
구룡포 부둣가에 누워 있다

바위관화 속 바래어가는 이름이나
부두를 들었다 놓던 칼잡이의 춤사위이거나
잊히는 일만큼 쓸쓸한 것은 없다
허연 배를 드러낸 저 바다 한 채,
숨구멍이 표적이 되었거나
날짜변경선의 시차를 오독했을지도 모를 일
고래좌에 오르지 못한 고래의 눈이
칼잡이의 퀭한 눈을 닮았다
피 맛 대신 녹으로 연명하던 칼이
주검의 피비린내를 잘게 토막 낼 때면
동해를 통째로 발라놓을 것 같았다
조문은 한 점 고깃덩이나 원할 뿐
고래의 실직이나 사인은 외면했다
주검을 주검으로만 해석했기에 버텨온 날들이
상처의 내성처럼 가뭇없다
바다가 고래의 난 자리를 소금기로 채울 동안
고래좌는 내내 환상통을 앓는다

테트라포드의 느린 시간을 낚는다
주검의 공범인 폐그물도 인연이라고
수장된 꿈과 비명 몇 숨 그물에서 떼어내자
반짝, 고래좌에 별 하나 돋는다

바다의 정수리
늙은 고래의 흐린 동공에 맺힌 달,
조등이다

잉여인간

  소란한 정적이 끓긴 유선망 같다 재개발 반대 함성이 가파른 계단을 오른다 리어카에 고삐 묶인 말들의 투레질 소릴 따라 꿈의 궤도를 돌다 멈춘 뻥튀기소리도 소리 없이 이주한 산동네 싸락눈 몇 발에도 길이 흔들린다 여기선 누구나 미끄러지는 법부터 배웠다 오르지 못할 곳을 죽어라 올라야 하는, 버틸 때까지 죽어라 버텨야 하는 여기는 고립된 이니스프리다 개망초 한 뿌리 담아낼 마음밭조차 가꾸지 못해 허공 몇 뙈기 분양받은 거미가 부러웠다 공중에 비계라도 세워 방 한 칸 들여야겠다는 공염불, 바람죽비에 눈발처럼 흩어진다 사글세를 놓던 전봇대도 휴업한 지 오래다 뜬소문만 외등 불빛 아래서 곁불을 쬐는지 바글거린다 빈집이 늘어나고부터다 보름달을 소쿠리에 담아 주전부리와 바꾸던 밤마실은 잊힌 문장이 됐다 막막과 절박이 스크럼을 짰지만 짓밟힌 가십거리였다 공룡의 가면 앞에선 여론도 무기력했다 영원의 셋방에 오를 수 있는 건 담배연기뿐이다 세상과의 연대, 처음이자 끝이었다 무료의 고비를 넘지 못한 C가 아케론강을 건널 때 엠블런스가 곡비를 자처하며 영혼 없는 주검을 수거했다 처음으로 C가 세상으로부터 주목받은 일이 죽음이었다 선착순 분양받은 죽음이, 그 적요가 신의 부름이라면 더는 푸른 섬을 찾아 헤매지 않을 것이다 무료의 알갱이를 세다 지쳐 무료마저 지옥에 저당 잡힌 후, 허기만이 살아갈 이유다 이렇게 가벼이 살 수 있다면 108개의 버긋한 계단이 경계를 넘어설 지름길이라면

   슬픔의 그릇인 너는
   부재될 때만 기억되는 단테의 불청객이다

모과나무 아래서

바람 떼가 악착같이 우듬지를 흔들어도
단련된 맷집 하나로 버티고 있다

빈 가지에 인 바람에도 매양 휘청대는 건
네가 아니라 허랑한 내 마음
진흙길을 숱하게 밟고 다져야 길 하나 세워지듯
내 안의 바람조차 잡지 못할 때 있다
모과나무 잎 진 가지를 붙들고 사람의 몸과 **뼈**의 시간
을 건너는
사미(沙彌)들 보며 삿된 바람을 재운다
육계(六界)의 비웃음마저 내면에 갈무리하며
이름뿐인 못난 향을 그러쥔
저 악착,

바람의 칼날에 효수를 당한 한 뭇 향으로도
바닥까지 품는 긍휼을 본다
산의 등뼈를 옥죄는 작은 물집에도 노여운 나는
몇 겹을 걸어야 비움에 이를 수 있을까
보일 듯 말 듯한 꽃의 한때도 좋았을
저 철없는 사미들처럼

〈
치명적인 향기 하나로 화엄에 들 수 있다면

허공에
꽃그늘 몇 줌 부려놓고 갈 수 있다면

* 부처의 머리 위에 혹과 같이 살肉이 올라온 것, 지혜를 상징한다.

복쌈

겨울 풍경 속 삽화 같은
오곡밥, 이리 맛난 말 또 있을까

보름 첫 끼는 꼭 김에 싸 먹어야 한다며
팔순 노구가 곱은 비손으로 빚은 것 같은 보름달
툭 건네받은 무욕의 방파제에서
인두겁 깜깜한 속까지 경계해야 할 오늘
적막이 무료 한 꼬집 넣고 버무린
무나물이거나 시래기, 호박고지가 짜다고
말할 수 없는 정월 보름

복쌈 싸 내미는 노파심, 묵은지처럼 구뜰하다

영등사리에 제웅 띄워 보낼 참이거나
백중 너울에 쓸려간 양반 누울 자리 걱정뿐인 전류리할매
씻김굿 소리에 젖어 움튼
멍울 저 붉은,
굽은 기침이 보행기 바퀴에 차르르 감기는 밤

삭朔의 살집 한껏 부풀어

허공 빈자리마저 꽉 찬 정월
덜 볶아 비린 땅콩 몇 알 자정을 구르듯
그렁그렁 恨 가득 보름의
간이 갈수록 짜다

손톱의 달은 또 동백의 모가질 꺾고,

* 짚으로 만든 사람 형상.

허물이라는 허물

여름의 짧은 문장은
뾰족한 염천을 내딛는 울음의 한때
허공의 우듬지를 흔드는 건 매미
지루한 반복음을 해석해 듣는 그늘 속
울음의 절정은 침묵이다

끊일 듯 이어지며 제 귀를 앓는 저 맹목
짧은 휴식이거나 누군가의 구애이거나
무형의 활과 현으로 여름을 켜던
살아 몇 날이 툭, 끊어질 실타래가 아니길

막바지 땡볕의 문장 태지에 옮기지 못했는지
간헐적 울음이 장맛비처럼 들쑥날쑥한 건
아직 소리의 결을 풀지 못했기 때문

울음이 이어진다는 건 어떤 여지가 남아 있다는 것
다가갈 수 있는 빌미를 슬쩍 내보이는 것

울음자리에 허공 한 칸 들여 벽이라 불러본다
소리의 결을 푼 증표가 허물이라면

침묵의 완성은 우화羽化다

어떤 루머는 견고한 사랑을 허물기도 한다

데면데면한 사이를 허물어가는 것도 허물의 한 과정
옐로카드를 내밀며 곁 한 번 주지 않는
너라는 거기

허물을 가리기 급급해 허물조차 허물 줄 모르는

샛강에 귀 하나 던져두고

아람 떨어지는 소리에 참숭어 떼가 뛴다
한갓진 부도浮屠는 똬리를 튼 고요다

링링'의 가냘픈 물음에 추락한 그림자
탁발한 초록 한 짐 내려놓고 바람의 조문을 읽는다
나무가, 나무가 아닌 간절한 기도일 때
어스름 강물소리도 허투루 흘리지 않던 너는,
세필로 우듬지까지 푸른 경전을 새겨
문수사 비로전 배흘림기둥이라도 되고 싶었던 걸까

푸나무 모두
정규직 비정규직 할 것 없이
살아 있는 동안은 누구나 풍경의 주인공이다

대남방송 환청에 귀먹은 건 사람만이 아닐 터,

어느 생의 당간지주에 굄목이 되거나
얕은 잠 속 샛강조차 넘지 못하고
내장 다 비우고 말간 말씀 얻어 나무물고기로 살지도
모를 일

〈
허공의 모서리에 갇혀 산란을 꿈꾸며
불이문 밖 별사別辭에 갸웃거리는 저 물고기
배롱꽃 피는 몇 겁 지나 참숭어로 다시 태어난다면
기도의 절반은 이미 이루어진 것이다
人事의 샛강에 귀 하나 던져두고,

* 태풍의 이름, '소녀'를 뜻한다.

노숙의 별은 뉘 집 평상에 잠을 뉘일까

- 한때의 왁자한 고요는 그리움의 부피만 키우고
  젖지 않는 기억은 그림자를 앓는다

물안개가 밥 짓던 연기처럼 빈 마당에 깔리는
실향민 흉내를 내는 섬 있다
떠남은 대궁 꺾인 6월의 머윗잎 같은 것
꼭 그만큼만 쓸쓸했을 거다
누대를 지켜온 섬 그림자가 쫓기듯 떠날 때
남겨진 선착장만이 속울음을 귓바퀴에 새겼을 뿐

오늘 작전은 무인도 탐색
위장크림으로 살기를 감춘 LSM*이
처녀지 같은 갯벌에 상륙한다

달빛에 알알이 여문 기장이 낯선 군홧발에 밟힌 날
섬島**의 뿌리가 송두리째 뽑혔다
채 꿰매지 못한 그물 사이로 성긴 갯바람이 들락거리고
장독소래기만 남은 깨진 간장독
할미의 비워낸 애기집처럼 더는 낮달을 품지 못했다
어쩌다 대북전단에 딸린 브래지어와 소형 라디오가 흘린 트로트가
 조류를 타고 상륙해 목청을 돋기도 하던
 〈

섬의 주인이 노랑부리저어새로 바뀐 것뿐인데

젓갈을 마냥 담고도
미처 추스르지 못한 밴댕이 무덤에 파리 떼 꼬이던
반쪽 부두가 파시의 홍역을 앓는
가까워서 더 먼
저곳

* 중형 상륙함 landing Ship Medium.

** 강화군 석모도 인근 무인도. 야생 기장이 많아 기장섬이라 불렸다. 무장간첩 침투 후, 여덟 가구가 석모도로 강제 이주됨. 이후 낮에만 부두를 사용할 수 있다.

그 붉음에 대하여

내내 겨울이었어요
가령 저 점점의 궤적이 잊혀가는 계절의 상처라면
당신은 읽히지 않는 타인일지도 모릅니다

고추 땡볕에 그을린 하루가 천천히 저물 때
저녁의 문장을 운판에 새긴 되새 무리가 숲을 닫을 때
냉기 스며드는 무릎에 기대는 한숨
혹은 혼자라는 말

똬리 튼 청승이 혼자라는 걸 부정하네요
누군가의 그리움을 대신 앓는 바람은
왜 가난하고 외롭고 쓸쓸한 곳만 찾아드는지

남겨진 적막이 우울의 수위를 끌어올려요

큰 개의 짖음이 은하에 닿을 때까지 백 년
삭이 삭을 지날 때마다 시리우스의 호흡이 가빠집니다
삭힌 울음은 독종이 된 지 오랜데
낮은 기도는 언제쯤 당신에게 가닿을는지요
〈

가시 돋친 당신의 말이 빙점의 한복판을 지나는 동안
얼어붙은 못물이 제 결을 풀긴 풀까요

쌓인 적막을 구기자 찻물에 우리면 센머리 검어져
그 봄 다시 올 것 같아
오종종 삼동을 쇠는
저 붉은

* 백석 – '흰 바람벽이 있어' 변용.

조강
- 참게 이야기

강의 품이 넉넉해 여럿 풀칠했다는 말
귀 아프도록 외할머니께 들었던 조강祖江

가을이면 뻘의 발등을 타고 오르는 알배기 참게를
짚 가마니에 한가득 쓸어 담던 손속이
가문 기억처럼 아슴아슴하다는 보신암*을 아이는
보시람 보시람이라 불렀다
대남방송을 자장가 삼아 할미 무릎을 베면
나직이 귓전을 찰랑이던 강물소리
집 떠난 이들의 설운 울음이라던 외할머니
산수傘壽의 물결에 휩쓸린 지 오래

참게도 가끔 해거릴 하는지
철책을 넘어 참게군단이 상륙한다는 보시람의 농에
이념의 굴레는 게딱지처럼 탈피도 않는다며
농 아닌 진담으로 되받으면
여여한 강물 출렁이며 맞장구치고

그해 겨울
성엣장에 포성까지 얹어 강을 건넌 아버지,

한 갑자 훌쩍 허리 굽은 도강渡江의 염원을
집게발로 물고 강을 넘노는 참게를
마냥 잡을 수도 없는

이 생애에는 왜 그리운 것들만 더디 바래지는지
애먼 바람의 옷자락만 움켜쥐는

* 경기 김포시 하성면 가금리 祖江 인근 자연부락.

2부

소란한 수화

몽골반

 물방울에 갇힌 알몸의 언어들이 천정에 맺혀 웅웅거리는 황토옥천탕, 양수 속 태아의 몸짓처럼 물방울들이 자진하며 물꽃을 피우는 물의 감옥 너머 젊은 아버지가 아이의 등을 밀어주고 있다 아이의 등과 엉덩이에 핀 암청색 꽃 몇 송이 보았다 나도 얼마 전까지 불알을 덜렁거리며 아이가 된 아버지의 등을 밀어주었다 생의 마지막 순간 활짝 꽃을 피운다는 대나무처럼 크기가 다른 꽃송이들을 몸에다 자꾸자꾸 게워내던 아버지, 꽃이지만 다른 냄새가 났다

 누대의 핏줄이 잇닿아 있음을 꽃으로 말해주는 저 푸른 반점의 계보

백색왜성

　한 축 그리움이다 가뭇없이 사라질, 불안의 늪에 괸 수심 같다 망설임의 배후를 후회와 갈등이 부추겼다 그, 소용돌이 속으로 당신이 아닌 아무나가 빨려들 때 우울의 심지에 불을 붙이며 웃을 수 있다 23.5° 기울기가 어긋난 감정선이라는 가설을 부정하는 밤 당신 때문에 앓은 열꽃, 같은 크레이터에서 쌍둥이별 하나 돋듯

　스틱스강을 밝히지 못해 부유하는 한 축 은유다 빛이 시작되는 거기서부터 그리움이라는 질료가 생겨났다는 당신의 말, 믿지 않았다 아가리가 큰 짐승이 별을 삼킬 때처럼 멍든 가슴에 칼을 꽂고 아무나가 된 적 있다 무딘 칼로 단칼에 베야 했다 이해를 구하진 않았다 검은 눈물이 범람했다 누군가를 그리워한다는 것이 휘발성 없는 나만의 형상인 것처럼

　목동좌의 풀피리소리가 소용돌이를 통과해 귀먹은 행성으로 수신된다 빛의 자궁을 향한 텐덤˚의 페달을 밟지 않았다 별리別離, 서로 다른 질량이 빛으로 변형된 문장이거나 봄날의 수화로만 해석되던 명자꽃의 소멸 같은 거였다 진화의 경계에서 빛의 잔해로 떠도는 미아이며 수인囚人

인 당신, 억겁 시공을 코앞에 끌어당기며 어둠을 품는다

무명이라 더 밝은 저 절정, 얼마나 긴 형벌인가

* 좌석이 앞뒤로 된 2인용 자전거.

추락, 그 후

새 한 마리 공중을 걷고 있다

장미, 순수한 모순이여
누구의 길도 아닌 길을 걷자˙

방향을 잃은 너의 날갯짓도 저러했다
달고나의 유혹에 날개 한번 펴지 못한 그 날처럼
멍든 꽃의 속내와 뜬구름의 집착이 문제였다

꽃의 매혈이다 거세된 코뮤니즘이나 텍스트 없는 문장은 익명의 통증이다 정렬된 군홧발에 밟힌 한 벌 수의는 수식어 없는 구호다

숲 밖의 새 떼들 날아와 어깨를 걸치고
오염된 눈물 가닥으로 성기게 엮은 깃발
장막의 심장에 꽂았던 그때

너를 위한 성찬은 없었다

귀를 자른 죄로 듣지 말아야 할 것까지 들어야 했기에

조롱 속 새를 위한 기도는 에덴의 외진 한 곳 닿지 못했
다

   기도가 계속된다
   후회는 새의 몫으로 남겼다

* 릴케.

마네킹

 섬을 낳았다 처음 바다와 관계를 맺고, 자주 악몽을 꿨다 하루에도 몇 번씩 수장되는, 바다의 부표 같은, 꿈은 항상 꿈으로만 끝나는 게 문제였다 쇼윈도는 엿보기를 위한 오브제, 물의 감옥에서 토슈즈를 신는 상상을 했다 단단한 네 등을 찢고 날개가 돋는, 물이랑의 한 편에 비정규직이라도 좋을 꿈을 뉘고 싶다던 밤의 잠꼬대를, 앙코르는 캉캉뿐이다

 섬을 수식하는 건 바다, 문장의 바다엔 지느러미 없는 은어隱語가 산다 눈을 감기우는 물비늘은 찢긴 바닥경전의 탈자들 퇴화된 은어의 생식기에서 태어난 문장들이 영혼 없이 표류하다 닿는 거기, 에서도 이방인이 되어야 했다 그것은 해독할 수 없어 낡아가는 해도의 무딘 통증 같은 것 감기지 않는 두 눈동자에 추방 낙인이 찍히고 문맹인 섬은 실어증을 앓았다

 안개가 물의 뼈대에 몸 비비면 엎드려 있는 섬들이 일제히 일어섰다 갈가리 찢긴 꿈을 수선해 악몽을 완성하면 네가 돌아올 것 같아 조명의 눈을 가렸다 커튼콜은 언제나 널 위한 거였으니까 달랑게의 집게발에 잘게 토막 난

수평선이 먼발치에서 출렁이면 읽히지 않는 바닥경전을 태워 섬을 밝혔다 습관처럼 나는 또 네 흉내를 낸다

웅어

보리까끄라기 군무로 날릴 때쯤이면
강을 오르는 한 떼의 은빛 물결이 있다
깜부기 솎듯 강물이 던진 모래톱 자오록한데
조강(祖江)의 삽화로 남은 텃새들
강물소리 부리에 물고 녹슨 철조망의 경계를 넘는다
찰나락, 메주콩, 서 말가웃쯤 물길 거슬러 닿던 마포나루
황포돛배 빛바랜 그림인 양 아득한데
무명치마 질끈, 좌판 펼치던 늡늡한 할미 거기 있다
천 리 물길 따라 보름을 흐르고 흘러 떼꾼들
아우라지 아리랑 한 가락 풀릴 때마다
떼돈 풀었다던 그 물길
물걸음 지워지듯 떼꾼 끊긴 지 오랜데
오랜만에 웅어가 꽤 들었는지
할미보다 더 쉰 전류포구 아들 비린내 뚝뚝 떨군다
"야야 씨알 귀경도 어렵던 괴기 다시 돌아왔는갑다"
잔가시째 뭉텅뭉텅 썰어낸 꼬순 입맛이
오무래미 입안 한가득
잇몸으로 씹고 씹어도 그 맛 그대로인데
물넘이 넘던 애옥살이만 하겠냐는 미수(米壽)의 청려장이

뉘엿거리며 등성이 넘는 저이보다 한달음이다
웅어 떼 돌아와 모처럼 포구가 들썩이는데
두 물 합쳐 품은 여여한 강물처럼
망원경 너머 희미한 할미 옛집
여즉 그대로인데,

슬픔의 까끄라기

새가
노을의 까끄라기를 깃에 묻히고 돌아올 때부터
어둠의 그늘이 드리워진다

상처를 네 탓이라 하기에도 지친 날들이
밤의 홑이불 같은 무채색을 닮아간다

지상에 유배당한 알바트로스의 치욕스런 날갯짓처럼
보이지 않는 벽 사이에서 자라던 불안을
슬픔의 조짐이라 울먹이던 너,

다면체의 퍼즐 조각이 각자의 감정을 고집한다

약지의 약속은 모래성같이 허물어지기 쉬운 것
한때 내 서사의 문장은 당신의 궤적을 따라
꼭두각시였다가 오이디푸스 눈물이었다

제 울음의 끝을 가늠할 수 없는
새 한 마리
각을 자물려 악천후를 견디고 있다

* 샤를 보들레르의 '알바트로스' 변용.

남겨진 고추장독에 대한 단상

난이 쳐진 장독이 있다

그미가 사랑마을에 묏자리를 잡은 후
그 집엔 묵어 맛 깊어가는 장독들뿐이다
볕 좋은 날엔 그미 대신 낯달이 장맛을 틔우고 밤이면
허기진 별들이 목을 축이며 빈집을 지켰다

어느 일자무식 옹기장이가
서툰 풍류를 알았는지
두둑한 허리께로 난蘭 한 촉 심어 놓았을까

흙 반죽을 수백 번 치대고 다졌을 예의 발바닥도
지옥 불가마에서 제 몸을 다비 했을 오지그릇도
고추 땡볕을 명주 수건에 부렸을 그미도
난향이 숙성시킬 장맛을 보려
하 시절을 버텼을지도 모를 일이다

안다 나는,
밤마실 나온 닻별의 소슬한 입김도
수줍어 발개진 귀밑머리 꽃잠도 함께 버무려져

장마당 사설 닮은 그미의 질곡한 날들처럼
장맛이 푹 익어 감칠 것을

빈 걱정 놓으라며
그미 빈 허구리 받쳐주듯 신목으로 굄 받는 회화나무와
그리움이 발효시킨 매움한 장맛은
내 언제고 돌아와 따순 구들에 잠을 뉘일 때까지
나를 기다려줄 생의 우덜거지다

쩡! 쩡! 못물 얼어붙는 소리가
뒤척이는 어머니의 뼈마디 분절음 같다

자서의 거리
- 채석강

갯바위, 몸뻬 아낙은 소금 쩍 찌든 도마에
등 푸른 해조음 몇 소절 펼쳐놓는다
선착장에서 들리는 뱃고동의 행간에는
파도가 앗아간 사내와 함께했던 출어의 한때와
빈 젖을 문 아이의 울음이 배어 있다

도마의 빗금처럼 가지런한 살점이 문장으로 읽히는 건
서툰 칼질로 익힌 습작의 증표다
첫 문장이 행을 물고 쪽의 품을 키우는 게
허리춤에 따개비같이 매달린 자식 키워낸 것과 같다는
저 아낙, 떫은 푸념은 말줄임표에
채 담지 못한 이야기 각주에 매달고
파도소리 한 모춤 덤인 양 횟감에 얹는다

가끔 수상한 바람이 도마에 일어
칼끝의 떨림이 오타를 내면 비긋듯 첫 행부터 리셋을
했다
잦은 한숨이 문맥을 끊는 군더더기 표현 같아
앙다물고 낡은 닻줄 같은 가난을 삭제했다
까치놀에 밑줄을 긋고 수평선에 창 하나 내면

옛적의 저이가 통통걸음으로 구술口述하러 올 것 같은 저물녘
  종일 젖을 물려도 칭얼대는 파도와
  취객의 과한 수식이 주름의 페이지를 늘려도
  닳은 지문으로 생의 단락을 촘촘히 엮었다

  문장을 필사하는 바람의 붓끝이 뭉뚝해질 때까지
  질박한 자서전 한 권 퇴고하기 위하여
  비린 풍경 한 점 썰어 권하는 격포의

  마음밭이
  여기서 저 붉새의 심장까지다

두부

 고갯마루, 불거진 힘줄 같은 솔 너겁에 앉아 턱숨을 고른다 바람이 뿌리의 귀만 키운 것 같아 새삼 뿌리의 인과를 생각해 보는 거다 볕에 기댄 고양이 하품이 느리게 흘렀다 바람 한 자락 탁발해 빈속을 채우던 목어가 물의 치어를 방생할 때처럼 뜨거운 불길을 지나 언제 각을 얻을지 모르는 엇배기였다

 홀로 지핀 불땀 하나 어찌 못해 가마솥 콩물은 끓어넘치기 일쑤였다 삶의 셈법은 무수한 오답과 쓴 경험을 딛고 얻어야 한다는 지청구가 싫었다 도리깨를 맞고 어디로 튈지 모르는 날콩이었다 해찰부리는 잡념에 간수를 넣고 거름포에 걸러 눌린 한 판 모두부가 되길 바랐다 새벽의 모서리를 깨워 콩물을 젓던 쪽잠의 고단 같은

 콩밭의 땡볕을 북돋던 어머니, 반듯한 각이 되라고 못 박힌 비손은 새벽을 새벽마다 공 굴렸다 뭉근한 불의 시간을 지나온 두부에는 햇살에 덴 한낮과 굴절된 허리통증이 들어있다 풀벌레 소리가 콩꼬투리에 단단히 물려 영글어간다 이제는 간수처럼 쓴소리도 그립다 발등에 산만한 심사 하나 땀방울로 떨구며 생의 변곡점을 넘는 쉰 두부

한 모

* 제 몫을 다하지 못해 반품의 품삯을 받는 초보 일꾼.

그때, 오이지

자귀나무 꽃그늘에서 찍은 가족사진처럼
짜디짠 가난이 서로를 옭아매 두었던
흑백사진이다

골마지 허옇게 낀 독 안의 염천炎天
단칸방, 쉰내 나며 부대끼던
내 키만 한 옹기그릇이다

감자며 옥수수 삶아 멍석에 둘러앉았을 때
무짠지와 빠지지 않던
저녁 두레밥상이다

누름돌 괸 오이지 쏘석이며
닳은 손끝으로 간을 보던
쭈글쭈글한 어머니의 아린 손이다

비칠비칠 빈손뿐인 나,
늘 낮은 곳에서 살갑다 꼬리 치며 괴던
댓돌 밑 누렁이다
〈

한바탕 소나기라도 쏟아졌으면 하는
여름도 한걸음 쉬어가는
찬밥 한 덩이다

봄밤의 일기

세상의 귀란 귀는 다 닫아걸고
나를 들어줄 눈은 먼데다 두고 왔다
이를테면, 귀를 자른 어느 화가의 헐은 생애 같았지만
아무도 간섭할 수 없는 공중의 일 같은 거였다

보릿대 총총 푸른 불을 켜고
바람벽은 높고 높아 헛발질로도 닿을 수 없는
너와의 보이지 않는 불신의 간격처럼
거기, 다가설 수 없는 친연의 거리
갈대들이 서로 몸 비벼 겨울을 건너듯
뻐꾸기도 제 울음 한껏 불어재꼈던 그때

애끓는 탁란의 일기가 숲의 문장을 완성해 간다

구름의 등에 올라야 비의 내력을 알 수 있듯
바지게가 흘리는 달빛 몇 줌이 어둠을 품었던 것처럼
울음을 삼키며 천형의 날들을 견뎌야 했다
근본보다 중요한 것은 살아남는 일

누가 저 애면글면한 풍경에 혀를 차도

다만, 어미의 어미의 길을 좇을 뿐

떡국, 풀국, 박국도 다 울음이어라
마른기침이 보리까끄라기처럼 버석거리던
보리누름께 당신
곤비의 숨이 내내 홧홧했다

단디해라

 끼익 끼익 쇠바퀴소리가 낯선 풍경을 힘겹게 뒤로 보낸다 '단디해라'를 뿌리치던 남루가 뻘기꽃 몽글거리던 유년의 벌판을 가로질러 역에 내린다

 어디선가 간고등어 굽는 냄새가 달려든다 유통기한이 연장된 하루가 소금에 절여지는 그때, 얼굴 없는 안내방송 멘트에 따라 플랫폼을 흔드는 역무원의 깃발이, 절여진 고등어의 시간이, 영원은 될 수 없듯 수신호 너머의 人事는 진행형이다 레인코트도 없이 땡볕을 걸었다 더는 갈 곳 없는 역마살이 날개를 접은 안동역,

 찢긴 양철지붕과 바람의 드잡이질이 그나마 인기척이다 경첩이 삭아 탈골된 당초문 안에는 똬리를 튼 적막이 빈집을 지켰다 맘대로 널브러진 흰 고무신에 고여 넘친 달빛이 고샅 쪽으로 흐른다 버짐 먹은 흙벽에는 시래기가 깨진 고무다라는 아직도 생선 비린내를 품고 있었다 장독대에서 한숨을 닦던 말린 박대 같은 할매가 설핏했다

 하얀 뻘기꽃을 물면 기적소리 다시 들리고 새들이 떠난 둥지가 비움을 앓고 있다

붓꽃척사

허공에도 여백이 있어 윤필해야 한다면
붓을 들어야겠지
여백이 꽉 찬 비움의 한 형식이라도

내 각오는
DMZ 눈초리를 견디며 바람을 가르지

먹물 바래져 다시 여백이 될지라도
척사斥邪를
강줄기가 탯줄 끊듯 반도를 조각낼 때처럼
먼 데서 올 찰나를 맞이하지

저 팽팽한 경계를 모르는 철새들
활 같은 대오로 빈 여백을 채우는 그때

고라니 한 마리
붓꽃이 기록한 사초史草를 읽고
염주알 같은 똥으로 낙관을 찍는다

꽃보다 더 완벽한 문장 없다는 듯

3부

아무것도 아닌 우리들

도깨비바늘

바람이 자라는 무릎이 있다
벼 벤 자리가 철새를 불러 앉힌다
농로 따라 늘어선 콩꼬투리마다 연두 비린내를 벗는다
사라진 저녁 종소리에 손을 모으던 새 떼가
노을의 부스러기를 물고 어스름의 뒷문을 두드릴 때
삽화처럼 개밥바라기를 그려 넣었다

감나무 가지에 걸린 밥 짓는 연기를 따라간 유년은 가뭇없다
꼬투리 벌어져 콩알 구르는 소리에
뚝 잘리는 귀뚜리 울음
소리의 그늘을 비우고도 꼿꼿한 콩대를 보며
비움의 넓은 품을 본다

뉘 한 줌 빻아 이불 홑청에 풀 먹이던
어머니,

도깨비바늘이라도 달이는 날이면
쇳소리가 잦아들곤 했다

향일암

꽃을 보기만 했지 헤아리지는 못했다
한 사람을 송두리째 놓친 거다

가령, 동백을 꽃으로만 읽었던 것이
기표의 오독인 것처럼

진눈깨비 머금은 꽃일수록 붉어 더
도드라졌다

득음보다 잿밥에 혹하는 목어나
허공에 묶여 바람의 사슬 하나 풀지 못해 표류하는
눈먼 쇠물고기가
전생의 나일지도 모를 일

일주문 밖 탁발한 기억 하나씩 잃어가는
어머니,
아물지 않는 생인손이다

동박새 울음이 당신으로 박힐 때
〈

억겁 낭떠러지를 가르며 낙화하는
비문 한 획, 붉다

곡두

볕뉘 사이로 설핏, 숨은 건 아닌지요
북천의 쪽창을 바라보지만 느른하기만 해
매양 가신 뒤에만 어렴풋합니다
아무렴요 누굴 원망합니까
살비듬 툭툭 날리는 몸 거두어가라 해도
아직 아니다 아니다 하며
잠결을 듣는 마고할망 쉰 소리도 이젠
내 쉰 목소리보다 더 쟁쟁한 것 같은걸요
누구에게 발원하는지도 모를
한갓진 돌탑 하나
쌓다 쌓다
더는 올리지 못해 밭담으로 눕다 보면 혹,
올레길 따라 거기까지 가닿을는지요
비손이 닳도록 곁을 비워 곁을 내주었지만
따순 곁을 발그라니 훔쳐봅니다
곁이란 게 두 숨결 모여 정겨운 겹이 되고
홑이 아닌 겹과 겹이 더해져 곁이 되는 이치를
까막눈이라도 절로 알지만요
오무래미 되어 곁 발음이 자꾸 겉이 되는데요
정낭 치워버린 지 오랜데

동구 지나 올레까지 뻗은 불콰한 걸음이
몰이하듯
붉새를 데리고 오던,

갯땅쇠가 천민이다

갯벌은 바닥을 딛고 설 무진장 텃밭
물때만큼이나 멀어져 비루해진 생의 간극은
내내 지고 가야 할 업장이거나
노 없이 건너야 할 삼도천이거나
발목 빠진 뻘장화의 안간힘 같은 거였다
땀방울마저 벼리는 갯바람 둘둘 말아 허리춤에 괸
해당화, 씨방 그 단단한 묶음은 아프락사스다
꺼지지 않는 물불 삭이며
천민의 슬하라 자처하는 갯땅쇠
물결의 호흡 같은 겹겹 주름평야 일궜다
허공의 처음이 바닥에서 시작된 것처럼
달의 짓무른 아가미가 누겁의 숨결로 빚은 거기,
새람 너머 뻘밭은 영원의 포대기다
살아 허물 많아도 너나없이 품다 보면
그 허물 연 되어 멀어진 당신과 나
연리지같이 친친 이어 줄 것 같다
다름과 너나들이한다는 건
거 있잖여, 아따 그 냥반 말여 당신,
무고혀 벼랑 끝으로 내몬 그 숭한 이, 멍가슴에 품은 일
갯벌은 아니, 갯땅쇠는 그려

제 한 품만 있으면 오만 것 다 품을 줄 안당게
잘 구운 쌍판에 펄을 처바르고 좋아라 하는
저기 저 무지렁이 천민들 좀 보소
보살이 뭐 따로 있남
허물을 허물 줄 아는 갯땅쇠가 보살이지

* '대문'의 방언.

샛길로 오는 입동

바람의 콧김이 얼어붙기 전
칠백 평 마늘밭에 비닐까지 씌우니 땅거미가 코앞이다
허기가 지핀 사랑방 아궁이
곁 대신 매운 핀잔만 자꾸 눈에 먹이고
구들 익는 냄새가 꾸둑꾸둑한 무말랭이처럼 달짝지근
하다
가마솥을 덥히는 복숭아나무 장작 불땀이
짓물러 쉬어 터진 수밀도 넋두리처럼 사위어가고
숯불에 올린 자반고등어 한 손
담뱃진 짙게 밴 할매 검지처럼 노릇한데

쪼매 지다려야 따슬끼다

밤의 미간에 살얼음 까는 횃대의 잠이 깊다
홰를 치며 불면의 끄트머리를 쪼는
닭 한 마리, 어둠의 주머니를 쑤석인다
홑처마 아래 서숙 짚으로 달아맨 메주가
할매 저승꽃 핀 손등처럼 검푸르딩딩 숙성되는 밤
가마솥 뚜껑에 언 손 쬐는 별들 다글거리고
창호지 문 너머 할매 밭은기침 소리

삼도내 건넌 엄니를 닮아 가는데

　홀로 한뎃잠 지샐 쪽마늘이
　자리끼사발에 담가놓은 할매 틀니 같다
　굽어 둥글게 갇힌 기침소리에
　무장무장 노구의 잠이 뒤척인다
　새봄엔 가지런한 할매 틀니처럼 육쪽마늘 오종종할 텐
데
　길마 없은 소 없어졌다며
　빈 들판 헤매던 엄니도 어매고
　어매가 보고 싶다는 안동할매도 엄니 같은데
　머잖아 미천의 밤도 꽁꽁 얼어붙을 것이다

역마살 독설

삭힌 닭똥이 배꽃을 게워냈다
냄새가 가지의 모서리마다 움을 틔웠던 거다
허기진 낮달이 그늘의 잔설을 삼키던 그때
아버지가 한 삽씩 뜬 냄새를 과수원에 풀어놓았다

촛농처럼 맺힌 봄날의 총상꽃차례는
뿌리가 겨우내 밀어 올린 악착,
저 악착이면
구름의 역마살쯤이야 배나무 둥치에 묶어둘 수도 있겠다
한낮은 쓰르라미와 소유권 다툼에 귓병을 앓고
나를 읽어줄 상제나비만 더디게 올 뿐
칸나는 붉어 지칠 때까지 붉다

고치같이 둥근 것들은 뿌리가 뱉은 독설
상제나비가 잎새 뒤, 애벌레의 잠으로 눕는 밤
풀벌레가 별자리를 여름의 코끝까지 끌어내렸다

한 뼘 그늘이 엎질러지면
살을 베였던 접목의 자리가 몸살을 앓는다
똥지게를 졌던 불굴의 걸음은 끝내 불구의 걸음을 낳고

배상형 가지 휘도록 매달린 독설은
그늘 아래 누운 잠 속에 닿지 못한 채

난분분 꽃잎이 허공을 점묘화로 수놓는 날
사월의 뱀이 혼자 울고 있다

황산도

물길 한 곳이 막힌 절름발이 섬 있다
흑백사진의 스틸 컷 한 장면처럼
성냥갑 같은 부두에 줄줄이 꿰인 젓잡이 배들
물때 기다리며 자박자박 물결을 탄다

벚꽃 지나 오젓이 오면
월곶댁, 구멍 난 그물에 바늘코 먹이며
젓새우 당그레질˙에 허리 펼 날 없다
내 예로 시집와 자분치 허옇게 셀 동안
오젓 한 번 젓동˙˙에 양껏 담지 못했다는 그녀의 넉살
바지랑대가 말린 망둥어처럼 간간하다

오젓 한철 맛깔나게 익어가는 것처럼
끼니마다 고단인 젓잡이 손에 익은 지 한참이다
갈무리한 통증도 날개를 접었다
짜투리 피륙 같은 가난 떼어 버리듯
젓잡이 배 고˙˙˙내려놓을 때
바깥양반 아니리 소리 간 곳 없고
곳방석˙˙˙˙ 앉히는 소리 귓불에 붙어 쟁쟁하다
〈

염하鹽河를 거슬러 마포나루에 닿던 새우젓길 따라
들물에 피는 거품꽃
끓긴 뱃길 연리지같이 살갑게 이어주는데
사람길, 체증 앓은 지 오래다

삽화인 듯 젓잡이 배 돛대를 비껴
비릿한 해,
월곶댁 품으로 덩이째 안기고

섬의 나이테는 날물처럼 뒤돌아보지 않는다

* 당그레로 소금과 새우를 버무리는 일.

** 새우젓 담는 항아리.

*** 밤나무를 통나무째로 엮어서 돌을 얹은 것으로 닻의 역할을 한다.

**** '곳방석앉힌다'- '고'를 물에 내려놓는 일.

아무것도 아닌 우리

마음의 촛불이
종탑이 매단 얼음창들을 녹이며
잉걸불처럼 타오르는 것은
너를 향한
연민의 싹이 어디에서나
자라고 있기 때문입니다

마음의 소리가
에밀레종소리보다 작아도
귀머거리 새의 아침을 깨우고
그대의 힘찬 하루를 위하여
진군나팔의 음계를 고르는
다정을 내밀 수 있기 때문입니다

마음의 독필이
어디서든 너를 그릴 수 있음은
달이 잠든 그믐밤일지라도
투명한 이젤의 구도 속으로
너는 이미 들어왔기에
어둠은 다만 쳐내는 곁가지임을 알았습니다

〈
아무것도 아닌 것은
진실이라서
가슴을 맴돌던
하얀 소용돌이가
네 가슴속에서도 똑같이
자라고 있기 때문입니다

소금쟁이 문장

수심이 깊어 읽을 수 없다

잎이 스스로 두 번째 꽃이 되는 가을빛이
물비늘 치어 떼처럼 수면을 자맥질하면
파문의 둘레가 물의 경계를 허문다

파문이 파문에 물려 물 녘 부들도 휘청
소금쟁이가 물결을 시침질해 저수지를 봉인한다
죽 끓듯 하는 수심을 다독이는 법이다

쌓이는 물소리가 우기의 흔적이라면
가시 돋친 말에 찢겨 너덜너덜해진 연애의 구절은
떼죽임당한 말의 사체다

물과 결은 발음이 달라 둥근 각을 세우지만
물의 체위는 네모난 곡선에 가깝다

너와 난 수레의 페달을 각자의 방식으로 밟아왔다
다름이 칼날을 겨누다 수평의 각을 허물듯
소금쟁이가 물의 안팎을 여는 경첩이라면

⟨
너라는 수심은 아직도 읽히지 않는 문장

연애의 꼭짓점이
각을 허문다

* 카뮈 - '모든 잎이 꽃이 되는 가을은 두 번째 봄이다' 변용.

김장화엄

배추 결구의 완성은
산발한 머리통을 끈으로 묶어주는 것

결구 된 배추가 화엄을 이룬 부도浮屠 같다

아버지는 생갈치를 넣자 하고
어머니는 닦달해놓은 밴댕이를 냉동실에서 꺼낸다
아내와 말로만 거드는 딸내미
생새우를 다진 게 시원해서 좋단다
당신은? 눈으로 묻는 아내에게
오젓, 육젓, 병어젓, 황석어젓도 다 싫고
'당신 젓'뿐이라고 농을 던지자
아내의 얼굴이 양념 색깔처럼 붉어졌다

언제부턴가 아내가 신처럼 모시는 자가 있다
그는 대단한 종파의 교주다
'김치냉장고'라는 신흥 교주에게
여자들은 평생 머리를 조아리며 산다
그래도 나는 항아리 속 김치가 더 맛있다
아내는 요즘 누가 김칫독을 땅에 묻냐며

지청구를 해대지만 싫지 않은 눈치다

해마다 섣달그믐이 지나면
이름으로밖에 뵌 적 없는 외할아버지가
달보드레한 김치를 맛보러 오신다

7분의 계절

긴 장마 끝난 뒤 면회를 갔다
신분증으로 당당함을 드러냈음에도
내 죄인 듯
가슴 두근거리게 하는 면회소, 담장 옆
은사시나무 이파리들 덩달아 흔들거린다
억울하다고
이참에 고생 좀 해봐야 사람 된다고
웅성거리는 자음과 울음 섞인 모음들
귓전에서 투레질 소리가 들린다
아이를 업고
남편을 면회 온 여인의 면회신청서
백지 속 다급한 방점은 그녀의 몫이다
7분의 짧은 면회시간도
차입된 레토르트 식품으로도
달랠 수 없었던 무료와 허기진 시간들
한 달 만에 5킬로나 불어버린
반 평도 안 되는 공간 속
꽉 채운 자책감이
주독 가신 희멀건 얼굴 가득하다
새순 돋을 때쯤이면

아찔했던 음주운전의 기억 잊고
새로운 길을 나설 친구, 가끔은
은사시나무 그늘 아래
조용히 기다리는 계절이 필요하다

조강
– 삐라를 줍다

비닐 전단 한 장을 주웠다
한 면은 침략전쟁과 3대 세습의 과를
뒷면엔 군사혁명과 새마을운동
딸의 대통령 당선까지 공으로 선전된

'삐라'를 주워 지서에 갖다주면
깍두기공책과 연필을 상으로 받았던 기억이
전단의 터진 쪽을 열어 본다
1$이 없다
임진각에서나
고막리 모처에서 날려 보내면
어느 허기를 달랠 수 있었을 1$
그때마다 방송에서 강조하던 1$
야경꾼에게 줄 20원이 아깝다던 김수영 시인이나
1$을 못 주운 나나
배고픈 詩 노동자

아버지의 60년 기다림처럼
가깝고도 먼 조강 너머
저곳

덖다

문수산 하산길
신발끈을 조여도 봄의 중심이 앞으로 쏠려
발 디딜 때마다 발가락 끝이 아프다

뒤로 걷는 걸음이 노란 물똥을 지렸던
유년의 어느 하굣길이다
몇 발 딛다 뒤 한 번 보고 다시 딛다 또, 돌아보는
봄이 살갗이 곪아 화끈거린다

산비탈 생강나무도
팔뚝마다 노란 물집이 터져 아프긴 매한가지
길 멈춰 알싸한 내음 한 소쿠리 채우니
노을이 코앞이다

이맘때면 나는 저 울혈의 사연을 덖느라
손가락에서 물집이 자란다
한소끔 찐 잔가지도 그늘에 말려 향을 쟁였다

첫물차에 마음의 응어리마저 풀어지며
깨금발로 흐르는
봄

4부

생채기가 시간을 흔들던 때

멜젓

보리누름께
자박자박 은빛 물결을 털며 멸치 떼 온다
구멍 난 그물에 바늘코 먹이며
귀밑머리 센 것도 두 번째 꽃이 폈다는 그녀
멜젓, 그 쿰쿰함에 매운 세월 한 움큼 더해 삭힌다
출어 때마다 고단인 멸치잡이배 타면서
무진장 바다 텃밭이 좋다던 사내
파도에 휩쓸려 가뭇없던 몇 해
자투리 옷감 같은 미련 섬 따듯 떼어내니
통증도 삭는지 멜젓처럼 간간해졌다
이녁 더는 울지 않으려
동백, 붉은 추파에 빗장 걸고 술배소리˚ 들였다
하품 섞인 새벽을 터니
시나브로 꽁무니 뺀 가난의 그림자
젓갈 냄새 밴 몸뺴 추스르며
박제된 낮달
풍덩, 젓동에 넣어 버무릴 때
썰물 한 자락 여자만 모퉁이 돌아나간다

* 멸치를 배에 퍼 담는 작업을 하며 부르는 소리.

골목 크로키

그림틀 속 뭉개진 골목
아제 기침소리와
말뚝박기 놀이에 자지러지던 웃음
농아 부부 달세방을 데우던 수화, 모두
아우성 밖으로 쫓겨 갔다
어디선가
'무궁화꽃이 피었습니다' 하는
술래의 볼멘소리가
빈집의 고요를 훔치고
바람에 찢긴 양철지붕 조각들
캔버스를 물감처럼 떠돌고 있다

'이주 반대'
쫓겨 간 내력을 조문하는 플래카드의 구호 속
겉도는 낮밤의 이야기들
포클레인 궤도에 붙어 앙다문 채 버텨보는
'크르릉' 틈새로
부대낀 시간 털어내는 진흙덩어리들
확성기 주파수에 휩쓸리는
눈발, 허공

어디고 채색할 수 없는

기억을 물고 부릴 데 없는
그림 속
곤줄박이 한 마리

한하운 시인
― 유택이 있는 김포시 장릉묘지공원에서

한 번쯤 덧난 생채기가
시간을 흔들던 때가 있었을 것이다
바람의 삶이
에릭의
가면 속 날들만큼이나 아팠던 것처럼

그날
인환의 거리에서
휘청거렸을 바람
그 막장의 문턱에서도
놓지 않던
詩
떨어진 귀때기는 자음으로
문드러진 손가락은 모음으로
황톳길 흙먼지 속으로 사라지던
人事

다시 핀 5월은
달기만 한데
보리피리소리 일렁이는 허공은 저리도 맑은데

바람 속에서 우는
한 줄기 바람

당신인가요?

* '오페라의 유령' 속 남자 주인공.

사려니숲

두툼한 걸망 안에 봄볕이 가득하다
해토 되어 움튼 말간 기운이
삼나무 둥치를 벅벅 긁는 노루뿔을 치켜세운다
움찔, 뿔이 고개를 내밀 때마다
고사리 여린 순도 한 뼘씩 허공을 딛는다
갑옷 안 꼭꼭 숨겨둔 방심이 오름처럼 봉긋 솟아오를 땐
놀란 노루 새낄 따라 숲에 들었다
억겁 설화가 숲을 키우고 있는 것처럼
숲은 비밀 하나 또 품는다
함부로 꺾지 못하는
진설할 제단에 순결한 방점을 찍을
산가시내 되어 고사리순이 한 움큼이었던

어느 말몰이꾼 휘파람이 울타리를 넘었는지
말발굽 소리가 바람의 능선을 밟는다
붉은 비밀이 많아 푸르러 더 아린
한 채, 영면할 집이다
거미가 선 날줄이 끊어지듯
씻김굿 가락 마디마디엔 한도 미움도 사라진 지 오래다
낭자한 비명이 갈마든 푸나무마다 상생을 이룬

한라의 시린 등에 삽시揷匙 하듯 폴씨 실어 나르는 바람아
샷됨도 걷다 보면 절로 무뎌지는 거기,
젖 한 번 물리지 못한 산가시내가 저고리 풀어
떼죽임당한 바람에게 젖을 물리는
저 혼곤한

석류의 문장

벽의 벽이 세워진 후
군홧발 소리에도 장독소래기 금이 갔다
깨진 달항아리에 고인 추깃물이 앙금이 되어
끝내 흑백의 경계가 갈렸던 것처럼
물고 물린 잇속에 휩쓸린 게 죄라면 죄
석류의 잇몸이 뿌리째 흔들리고부터다
알갱이가 빨갱이로 오독된 채
칼은 베기에 집중했을 뿐 주검의 의미를 몰랐다
너븐숭이 체머리가 시간의 너비를 찢었듯
흑백은 다름을 아는 최적의 색의 조합
친연의 매듭이 풀어져도 아무렇지 않을
1원짜리 동전의 소용 같았다
뾰족한 기억일수록 화해의 걸음은 더디기 마련
상처를 걷다 보면 사금파리가 각을 맞춰
항아리에 달 다시 떠우듯
장맛 깊어짐에 세월만 한 게 없음을 이제야 안다
음전한 일기로나마 듣고픈 여기,
피비린내 가시지 않는 문장은 모음 쪽에 가까워
우기의 눈시울을 흐렸다
울력다짐했던 새들은 어느 하늘가를 날고 있을까

허공에 매장된 비명까지
바람의 조문은 끊이질 않았다
달빛마저 무너진 잣담 속에서
부재될 날을 목젖 깊숙이 삼켜야 했던
치명의 끝,
주검 없는 만장은 영광인가 헛된 죽음인가
다소곳 붉음을 다투는 석류꽃을 보며
4월의 가슴에 좌초된 돛폭을 기워
다시 써 내려가는 푸른 문장들

* '넓은 돌밭'을 뜻하며 4·3 사건 때 가장 많은 집단학살이 발생한 북촌리에 4·3 기념관이 있다.

건너가는 홍시

그해 가을엔 홍시가 유난히 붉었다
병상의 삼 년
추한 모습을 보이기 싫다는 듯
더는 입을 열려 하지 않았다

닫힌 입을 열 수 있었던 건
속살이 말간 홍시뿐이었다

"엄마! 한 숟갈 더, 한 숟갈 더"
"그래그래, 엄마 참 착하다"

내 오래된 유년에게 젖을 물렸던
지금의 소녀가 환히 웃고 있다

어머니를 당기면
가을이 더 길어질까

수종사 풍경

대웅보전 추녀를 품은
물고기 한 마리
고향을 코앞에 두고 修心이 水心이 되어
허공만 흔들다 지쳐 말라가는데
둘이 하나 된 물줄기
멈춘 듯 흐르는 듯
수천 리 달려가는데

돌아갈 수 없는 모천을 찾아
고해를 건너는 비루한 몸

水心이 修心이 될 때까지
쇠물고기가
니르바나의 종이 될 때까지

북어 북어

저녁에 동태찌개를 끓였다
수저를 들던 아버지
늘 머리만 먹던 어머니가 생각나는지
눈시울 붉힌다
통통한 알을 깨물자
베링해 떠돌던 이야기
밥상까지 올라온 여정이 울먹인다

겨우내 덕장에 걸려 있던
명태들
제 슬픔을 말리다 불리다
속풀이 해장국으로 더러는 제상의 수좌로
한생을 마치는 북어

이 땅에 봄이 오기 전
혹한의 만주 벌판을 누비며
언 만두 하나로 하루를 견뎠던 선연한 기억
퀭한 눈, 여윈 몸에 검버섯 살가죽이
북어를 닮아
지금 내 앞에 앉아 있는 당신

호기롭던 그 시절
여전히 목으로 넘기지 못하는
당신의 시간
입안 가득 구르는 밥알만큼이나 가엾다

아버지 힘든 수저에
저민 그리움, 살을 발라 올려놓는
한·점·그·리·움

물집

하지의 햇살을 등에 부리며
어머니가 호미로 감자를 캔다
쉴 새 없는 한나절이
밭골 가득 쌓인 감자를 보며
이마를 훔치며 허리를 편다
호미 날이 뭉툭해질수록
굽어가는 어머니의 등
밭고랑에 들면
낯익은 이랑 하나가 더 생긴 것 같았다

호미를 들고 밭으로 가는 길
밭골 사이를 서성이던 바람이
나를 부드럽게 쓰다듬는다
땅을 헤집자
어두운 시간을 털고 나오는 감자들
"세상은 모름지기 둥글게 살아야 혀"
못 박힌 손으로
하시던 말

물집이 잡혔다

어머니의 속울음 같은 진물이 흐른다
쌓인 감자알들이 어머니 말씀처럼 둥글다

봉숭아
– 괴다

비긋지 못해
꽃사태
붉은

낮게
괸
마음처럼

사랑은 저처럼
한껏 낮아야

내 사랑도
봉숭아로
당신에게
괴는

아버지는 아버지인 줄 모르고

얼마 전,
아버지의 가출로 소읍엔
큰 소동이 났었다
인간 띠를 연결한 경찰들이 옆 마을까지
전단지를 돌리고
이틀이나 수색했지만
깃털처럼 가벼운 발을 쫓을 수는 없었다
인적사항을 지인들에게 보내며
애타던 사흘이
아버지를 찾았다는 전화 한 통에
휘청대며 쓰러졌다
구지레하게 떠돌다 허기에 지친
전단지는 웃었고
나는 울었다

대명포구

'니나노집'
그 앞을 지날 때면 취객들과
아가씨들의 걸쭉한 입담에 귀를 닫았다
민망한 걸음을 붙잡는 손
갈래머리 그녀였다
그렁그렁한 눈
십 년이 지났어도 한눈에 알아봤다
졸업 후 동창생과 살림을 차렸다는
바람의 말만 듣고 기억에서 멀어진

대명포구 어시장
가끔 횟감이나 꽃게를 사러 온다
늘어선 배들이 비린내를 풍기며 입맛을 흥정한다
파도소리를 밟고 난바다로 들어서는데
젖은 고무장갑과 눈이 맞았다
니나노집 그녀다

당당했다, 싱싱한 활어 같았다

신랑은 고깃배를 타고 그녀는 활어를 팔고

횟감을 닦달하는 게 여느 손들 못지않다
옷에 묻은 비늘이 뭇별처럼 반짝였고
꿈을 품은 비닐전대가 불룩했다

넙데데한 그녀가 만선이었다

평화누리길 1

녹슨 철책이 새울음에 갇혀 있다
속도가 사육되자 날개에서 귀가 자라고
울음이 발효될 때까지 새는 솟대로 남는다

물비린내를 밟고 새벽을 딛는 당신
미세기 따라 나락배 띄우던 물굽이 넘어
마포나루에 닿던 살풍경 아슴아슴하다
서치라이트의 충혈된 동공들
초병의 졸린 눈꺼풀 속에 번지던 별빛 몇 촉
소실점으로 사라지는 그때

무서리 맞은 고염처럼 쪼그라든 당신의 그림자가
퇴행성 관절을 앓듯 삐걱거린다
"박꽃 향기 지붕에 매단 토담집 지기다"
쇠죽불 지피고 불꽃 꺼지기 전에 강 건너온다던
애끓는 와병은
등짝에 열꽃을 활짝 피웠고
타구殄具엔 노을이 홍건했다

전설은 남아 영원을 걷는
애기봉

알전구 전원을 화끈하게 내린 등탑 대신
불구의 눈빛이 불 밝힌
'민통검문소'
해독할 수 없는 상형문자다

성대 결절된 대남방송이 내 유년을 키웠던 것처럼
목쉰 확성기가 다진 누리길 굼실굼실하다

'검정소', '땔감', '장날'
당신이 삼키던 혼잣말 몇 자 적어
느린 우체통에 넣자 원융의 바퀴가 돈다

닫힌 공중의 한 귀퉁이를 찢고 날아와
알곡을 세는
새의
날개를 부러워했다

솟대가 낳은 새야
새봄
혼곤한 잠에 취해
삼도내 건너는 아버지를 배웅하거라

평화누리길 2

접경지의 바람에선 왜 먹먹한 냄새가 날까

바람의 뒤꿈치를 쫓다 바람의 노복이 된
당신의 속울음 깊어질 때마다
강은 주름의 수위를 높인다
새울음을 삼킨 안개의 입자들이
몸을 개켜 먹물을 개어놓는다
갈대의 성긴 붓끝이 허공에 묵화를 치면
신도시 아파트가 제 그림자로 낙관을 찍는다
전류리 참숭어 떼가 뻘을 훑는 소리에
살얼음 낀 샛강이 실금 몇 가락 풀어놓는 거기,
참게와 황복이 입맛을 돋우고
김장철 새우젓 잡이에 포구가 기진할 때도 있다
돌아올 웅어도 물살을 일으킬 것이다

벽창호 같은 철책아!
이데올로기의 사생아야!

마음속 풍경까지 막고 선 장벽을 보며
정물화 같은 이 길이 위로야 되겠냐만은

나는 안다
맞은편 저기, 누구도 같은 생각일 거라는 걸
저 환한 유리감옥 너머
이 빠진 기억 문 녹슨 부메랑 날려 보면
밭은기침 소리만 되돌아올 뿐이다
제 땅, 제 길 하나 맘 놓고 밟을 수 없는
이제는 나는 법도 잃어버린
늙은 새의
꺾인 날개를

마주 보는 다정한 통증을…

■ 해 설

슬픔의 비기悲器에 채워진
"어느 날 아무거나"의 갸륵함

우대식(시인)

 박위훈 시인의 시집을 읽으며 생각이 닿은 곳은 시는 무엇을 그 형상의 대상으로 삼는가 하는 문제였다. 현대 예술의 과격성의 근원이 이성 불신의 탈근대적 정신에 기원을 대고 있다는 사실은 이미 널리 알려진 바이다. 동일성의 논리가 사라진 예술의 형상화란 파편화된 개인의 개별적 작업물일 수밖에 없다는 미학론은 이제 일반화되었다고 할 수 있다. 언어를 매개로 하는 시라는 장르는 집요하게 현실과 꿈의 문제를 동시에 묻게 된다. 시라는 장르가 현대 미학론에 발 빠르게 동의해가는 장면을 목격하는 것은 어쩌면 꿈이라는 초월성의 추구와도 밀접한 관계가 있을 것이다. 박위훈 시인의 시를 읽으면서도 현실과 꿈의 길항작용으로서의 시적 형상화를 만나게 된다. 그러면서도 현실에 더 무게 중심을 두고 있는 박위훈 시인의 시에는 전체를 관통하는 심줄 같은 것이 아로새겨져 있었다. 그것이 무엇인가를 곰곰이 생각해보았다. 시집의 가장 앞에 실린 「시인의 말」에서 하나의 단초를 찾을 수 있었다.

    시를 쓸 때만큼 갈증 난 적 또 있을까

    슬픔의 비기悲器를 채워줄 한 줄 문장들
    얼마나 갸륵한지

    시,
    길고도 짧은 만남을
                       – 「시인의 말」 전문

  시를 향한 열렬한 진격 그리고 안타까움 등이 이 글에 나타나 있지만 다른 한편으로 그가 어떤 시를 쓰고자 하는가의 문제에 대해 두 번째 단락을 참고할만하다. "슬픔의 비기悲器"를 찾아가는 것이 그에게는 시의 다른 이름이다. 슬픔의 그릇을 채워간다는 것은 그의 시가 좀 더 구체적인 국면에서 경험과 관련된 시적 형상화에 주력하고 있다는 것에 다름 아니다. 그의 시에 드러난 공간을 넘어선 장소애場所愛 topophilia도 역시 슬픔의 그릇과 관련된 인물들의 서사로 형상화된다.

김포나 강화와 관련된 장소성에 대한 탐구를 보여주는 시편들은 시적 주체에게 매우 중요한 의미를 내포하고 있다. 시적 주체의 기억 속에 공간은 특별한 인물들과 서사적 관계를 맺으며 개인사의 주요한 국면으로 작용하고 있음을 보게 된다.

    강의 품이 넉넉해 여럿 풀칠했다는 말
    귀 아프도록 외할머니께 들었던 조강祖江

    가을이면 뻘의 발등을 타고 오르는 알배기 참게를
    짚 가마니에 한가득 쓸어 담던 손속이
    가문 기억처럼 아슴아슴하다는 보신암*을 아이는
    보시람 보시람이라 불렀다
    대남방송을 자장가 삼아 할미 무릎을 베면
    나직이 귓전을 찰랑이던 강물소리
    집 떠난 이들의 설운 울음이라던 외할머니
    산수山壽의 물결에 휩쓸린 지 오래

    참게도 가끔 해거리 하는지
    철책을 넘어 참게군단이 상륙한다는 보시람의 농에
    이념의 굴레는 게딱지처럼 탈피도 않는다며

농 아닌 진담으로 되받으면
여여한 강물 출렁이며 맞장구치고

그해 겨울
성엣장에 포성까지 얹어 강을 건넌 아버지,
한 갑자 훌쩍 허리 굽은 도강渡江의 염원을
집게발로 물고 강을 넘노는 참게를
마냥 잡을 수도 없는

이 생애에는 왜 그리운 것들만 더디 바래지는지
애먼 바람의 옷자락만 움켜쥐는

* 경기 김포시 하성면 가금리 祖江 인근 자연부락.

— 「조강–참게 이야기」 전문

   조강은 시적 주체에게 특별한 장소라 할 수 있다. 이 시집에는 부제만 다른 조강이라는 제목의 한 편의 시가 또 있을 정도로 각별하다. 조강은 한강과 임진강이 만나 서해에 들기 전까지의 드넓은 강을 가리키는 것으로 시적 주체와 관련된 인물들의 애환을 그대로 담고 있다. 이 아우라지에서의 삶이란 한쪽으로는 넉넉했으며 다른 한쪽으로는 분단과 결핍의 불우함을 동시에 품고 있다. "강의 품이 넉넉해 여럿 풀칠했다는 말"과 같이 강마을에 기대어 살아가는 사람들에게 강이란 삶의 근원적 터전으로 자리 잡고 있다. 생산과 먹거리의 근원으로서의 강이란 원형적 모티브로 모성적 이미지를 띠고 있다. 다른 시편에서도 "아우라지 아리랑 한 가락 풀릴 때마다/ 떼돈 풀었다던 그 물길"(「웅어」 부분)이라고 조강을 그리고 있을 정도로 시적 주체에게는 넉넉한 강으로 인식되어 있다. 이 서사의 나레이터는 "외할머니"이다. "대남방송을 자장가 삼아 할미 무릎을 베면/ 나직이 귓전을 찰랑이던 강물소리"라는 구절은 조강의 지리적 위치를 잘 보여준다. 장소 자체가 이쪽과 저쪽의 경계로 역사적 불우의 산 증거를 목격할 수 있는 곳이다. 그곳을 살아가는 사람들 역시 관찰자이며 동시에 피해자이기도 한 것이다. 조강의 강물 소리는 "집 떠난 이들의 설운 울음"이라는 외할머니의 말은 조강의 역사적 애환을 그대로 품고 있다. 이러한 보편적 애환을 넘어 구체적 사건으로 조강이 자리매김되는 것은 아버지와 관련된 서사 때문이다. 넉넉하던 참게 잡이도 해거리를 하던 어느 해 겨울에 "성엣장에 포성까지 얹어 강을 건넌 아버지"의 이미지는 단순한 도강의 의미를 넘어 분단의 과정이 빚어낸 역사적 모순이 자리하고 있다. 그 모순은 한 갑자가 훌쩍 지나가도 남아 있는 한의 근원이기도 하다. 조강이 단순히 먹고사는 터전의 의미만이 아니라 강마을에 살고 있는 사람들의 비애를 담고 있음을 의미하는 것이다. 「시인의 말」에서 "비기悲器" 즉 슬픔의 그릇을 채울 문장이란 바로 이렇듯 잊혀져가는 슬픔의 서사라 할 수 있다. 이 시집의 제목이기도 한 "왜 그리운 것들만 더디 바래지는지"라는 문장은 결국 그가 지향하는 시적 세계가 무엇인지를 보여주는 지표라 할 수 있다. 그리운 것들이 더 바래지기 전에 슬픔의 그릇에 시라는 양식으로 담아내려는 행위가 시인에게는 시창작의 기원이자 궁극의 목표라 할 수 있다. 슬픔의 서사가 확장되었을 때 "내 예로 시집와 자분치 허옇게 셀 동안/ 오젓 한 번 젓동**에 양껏 담지 못했다는"(「황산도」 부분) 월곳댁의 삶의 애환을 능청스럽게 풀어내고 있는 것이다. 나아가 오래전 니나노집의 아가씨가 살림을 차려 어시장에서 장사를 하면서 살아가는 모습을 "당당했다, 싱싱한 활어 같았다"(「대명포구」 부분)고 묘사하는 장면에서 조강을 중심으로 살아가는 사람들의 생명력을 느낄 수 있다. 시적 주체에게 조강은 사람살이 혹은 살림이며 동시에 결핍의 상징으로 나타난다. "두 물 합쳐 품은 여한한 강물처럼/ 망원경 너머 희미한 할미 옛집/ 여즉 그대로인데"(「웅어」 부분)에서 보듯 할머니의 옛집은 경계 저쪽으로 잃어버린 유토피아의 형상으로 남아 있다. 결국 이 결핍은 유토피아의 상실이며 슬픔의 그릇에 담길 주요 서사 가운데 하나가 되는 것이다.

이 시집에서 특별히 주목해야 할 다른 부분은 당신이라는 대상을 통한 시적 자의식의 표현이라 할 수 있다. 당신 혹은 너로 변주되는 대상은 메타 시의 형식을 포함하고 있다. 따라서 당신에 대한 이해는 시에 대한 이해를 위한 지름길이 되기도 한다.

내내 겨울이었어요
가령 저 점점의 궤적이 잊혀가는 계절의 상처라면
당신은 읽히지 않는 타인일지도 모릅니다

고추 땡볕에 그을린 하루가 천천히 저물 때
저녁의 문장을 운판에 새긴 되새 무리가 숲을 닫을 때
냉기 스며드는 무릎에 기대는 한숨
혹은 혼자라는 말

똬리 튼 청승이 혼자라는 걸 부정하네요
누군가의 그리움을 대신 앓는 바람은
왜 가난하고 외롭고 쓸쓸한*곳만 찾아드는지

남겨진 적막이 우울의 수위를 끌어올려요

큰 개의 짖음이 은하에 닿을 때까지 백 년

삭이 삭을 지날 때마다 시리우스의 호흡이 가빠집니다

삭힌 울음은 독종이 된 지 오랜데

낮은 기도는 언제쯤 당신에게 가닿을는지요

가시 돋친 당신의 말이 빙점의 한복판을 지나는 동안

얼어붙은 못물이 제 결을 풀긴 풀까요

쌓인 적막을 구기자 찻물에 우리면 센머리 검어져

그 봄 다시 올 것 같아

오종종 삼동을 쇠는

저 붉은

* 백석- '흰 바람벽이 있어' 변용.

- 「그 붉음에 대하여」 전문

  이 시에는 한국 서정시의 대표적인 시인인 백석과 정지용의 흔적을 찾을 수 있다. 백석의 쓸쓸함과 정지용의 고적함이 시적으로 변주되면서 정서적 울림을 한층 고양시켜 준다. 한겨울 당신에 대한 사유를 통해 "당신은 읽히지 않는 타인일지도" 모른다는 고백은 대상에 가닿지 못하는 자신과 자신의 언어에 대한 성찰을 포함하고 있다. 시란 읽히지 않는 당신에 대한 탐구의 형식이라 해도 크게 틀린

말은 아닐 터이다. "고추 땡볕에 그을린 하루가 천천히 저물 때/ 저녁의 문장을 운판에 새긴 되새 무리가 숲을 닫을 때"도 혼자라는 말을 한숨 속에 되새긴다는 것은 시적 주체가 놓인 절망의 자리를 뜻하는 것이기도 하다. 바람이 "가난하고 외롭고 쓸쓸한* 곳만 찾아"든다고 했지만 그것은 명백하게 시적 주체의 심리적 상태를 의미하는 것이다. "적막"과 "우울의 수위"가 정확히 비례한다는 고백은 시적 주체의 쓸쓸함이 보다 근원적인 것임을 알려준다. 이 비애의 흔적들이야말로 어쩌면 시적 주체에게는 시적 대상들로 작용하는 것인지 모른다. 그러한 의미로 "낮은 기도로" "당신에게 가닿"고자 하는 욕망은 시적 욕망과 동궤를 이룬다. "당신의 말이 빙점의 한 복판을 지나는 동안/ 얼어붙은 못물이 제 결을 풀긴 풀까요"라는 의문형의 바람은 대상과 의식이 시적으로 합일된 지경을 의미하는 것이기도 하다. 시를 향한 간절한 바람을 "붉다"는 감각적 이미지를 통하여 그 내면을 드러내고 있다. 마지막 연은 정지용의 「인동차」를 연상시킨다. 산중에서 차를 마시며 삼동을 견디는 정신주의를 시적 주체는 꿈꾸고 있는 것이다. 당신은 절대적 대상으로 그려진다는 점에서 시적 아우라를 품고 있는 대상이기도 하다. "내 사랑도/ 봉숭아로/ 당신에게/ 괴는"(「봉숭아」 부분)과 같이 당신은 절대적 존재라는 점에서 시적 아우라의 근원지라고 보아도 무방할 것이다.

"수심이 깊어 읽을 수 없다"(「소금쟁이 문장」 부분)는 고백은 다분히 "읽히지 않는 타인"을 연상시킨다. "너라는 수심은 아직도 읽히지 않는 문장"(「소금쟁이 문장」 부분)에서도 "너"라는 시적 아우라를 향한 육박의 흔적을 느끼게 된다. 읽히지 않는 문장에 대한 절망과 읽고자 하는 욕망 사이의 갈등이 시행의 여백을 가득 채우고 있다. 백석이나 정지용을 향한 시적 오마주의 구체적 형상은 「한하운 시인」 같은 작품에서 살펴볼 수 있다.

> 그날
> 인환의 거리에서
> 휘청거렸을 바람
> 그 막장의 문턱에서도
> 놓지 않던
> 詩
> 떨어진 귀때기는 자음으로
> 문드러진 손가락은 모음으로
> 황톳길 흙먼지 속으로 사라지던
> 人事
>
>   — 「한하운 시인」 부분

한하운 시인에 대한 오마주의 형식의 시는 결과적으로

는 자신의 지향점을 보여주는 행위라 할 수 있다. "막장"으로 형상화된 극한 상황 속에서도 "詩"를 놓지 않았다는 것은 한하운 시인의 견인주의적 일대기인 동시에 시적 주체의 욕망을 적나라하게 보여주는 것이다. "황톳길 흙먼지 속으로 사라지던" 인간의 삶이란 부질없는 것이지만 단 하나 자음과 모음 그리고 시라는 형식에 시적 주체는 궁극적 의미를 부여하고 있는 것이다. 보이지도 않고 만질 수도 없는 초월적 실체인 시 앞에서 부는 바람을 느끼고 시적 주체는 다음과 같이 묻고 있다. "당신인가요?"(「한하운 시인」부분). 이랬을 때 그저 실재하는 존재자라는 형식이 구체적 의미와 결합된 존재의 형식을 띠게 된다. "치명적인 향기 하나로 화엄에 들 수 있다면"(「모과나무 아래서」부분) 모든 것을 감수하겠다는 삶의 태도는 이미 보편의 것으로부터 먼 곳에 도달해 있다. 그 중심에 시가 고여 있다는 사실은 시적 주체의 삶에서 시라는 형식을 떼어낼 수 없다는 것을 암시하는 것이기도 하다. 시를 향한 여정의 비장함이 그대로 고여 있다. 앞에서 살펴본 당신에 대한 탐구와 시인들에 대한 오마주 형식은 사실 동일한 의미망을 형성한다. 그 공통점은 시적 대상 혹은 시적 추구에 대한 욕망과 관련되어 있다는 점에서 시적 주체의 입장에서는 모든 삶의 문제를 시로 환치시키는 계기가 여기에서 비롯된다고 할 수 있다. 사실 이 지점은 매우 중요하다. 그

것은 산다고 하는 행위를 어디에다 초점을 맞추고 투기할 것인가를 결정하는 지점이기 때문이다. 이 시집 곳곳에서 발견되는 영성 가득한 시들은 바로 자신의 삶을 시에 전적으로 투기하고자 하는 자의 융숭한 심성의 발로에서 비롯된 것이라 할 수 있다. 가령 「사려니숲」과 같은 시에서 문득 "삿됨도 걷다 보면 절로 무뎌지는 거기"라고 무심한 듯 내뱉는 시구에서 생성과 소멸로 인한 윤회의 괴로움을 견디어 낸 생명의 순수함을 만나게 되는 것도 혼곤한 세상에 대항하는 시적 사유 때문이라 할 수 있다. 세속적 욕망이 거세된 영성 가득한 시적 발화는 다음과 같은 시에서 볼 수 있다.

    층층 간절함이다

    발끝을 세워 하나의 기원이 되기도 하는 탑
    자발없이 틈만 보이는 허물의 한때 같다

    무너지다 깨금발로 허공을 딛고 올라서는
    여기가 마음속 적멸보궁이라는 건지
    눈보시도 적선이라는 건지

    너덜돌 몇 개 괸 소란이 바깥의 욕심 같아서

돌에게 미안했다

틈 하나 두어 소란한 침묵을 들이고 싶은데
돌을 잊고 탑의 귀마저 버리면 그냥 풍경인데

허투루 여긴 아무거나를
슬몃 괴어놓았다

낮음에 이를 때까지
　　　　－「어느 날은 아무거나였다가」 전문

　탑의 형식을 형상화하면서 내면을 그리고 있는 이 시는 허허실실의 지경을 보여준다. "층층의 간절함"이나 "발끝을 세워 하나의 기원이 되기도 하는 탑" 그리고 "깨금발로 허공을 딛고 올라"선다는 표현 등은 모두 탑의 형상과 관련이 깊다. 탑의 형식은 기원의 양식으로서 점점 높아지면서 아득한 모습을 띠게 된다. 그러나 시적 주체가 탑을 통하여 욕망하는 것은 "틈 하나 두어 소란한 침묵을 들이고 싶"다는 것이다. 개인의 세속적 욕망이 거세된 자리에 삶의 흔적으로서 "틈"을 두고 싶다는 욕망은 일반적인 인식과는 거리가 멀다. 시적 주체는 탑을 쌓으면서도 그것이 하나의 욕망의 발현 같아서 "돌에게 미안했다"고 고백하고 있다. "허투루 여긴 아무거나를／ 슬몃 괴어놓았다"는 시적 진술은 탑을 쌓는 일반적 욕망으로부터 벗어나고자 하는 태도를 보여준다. 시적 주체의 욕망은 이 시 마지막 구절인 "낮음에 이를 때까지"에 있다. 탑을 형상하면서 한없이 낮아지기를 소망한다는 것은 모순적이면서도 달관의 지경을 보여주는 것이기도 하다. 이 시 제목은 그러한 사정을 잘 보여준다. 어느 날 그리고 아무거나 라는 부정형의 지칭은 이미 구조된 세속의 욕망으로부터 벗어나고자 하는 욕망의 언어적 투사라고 할 수 있다. 진정한 간절함은 낮아짐으로써 도달할 수 있다는 역설적 인식을 이 시는 담고 있다. 시집에 나타나는 영성은 바로 스스로 낮아지고자 하는 것에서 비롯된다.

어쩌면 시의 길이란 확고한 신념의 길이라기보다는 끝없이 흔들리며 걸어가는 길일 것이다. "허랑한 내 마음"(「모과나무 아래서」 부분)의 길 위에서 "몇 겁을 걸어야 비움에 이를 수 있을까"(「모과나무 아래서」 부분)를 씹고 되씹으면서 "향기 하나로 화엄에"(「모과나무 아래서」 부분) 들기를 간절히 바라는 지점에 이르면 그의 시가 보다 근원적인 것을 지향한다는 것을 알 수 있다. 그는 아마 오랫동안 보이지 않는 것을 찾아 헤맬 것이며 시라는 집을 부수고 다시 짓는 일을 반복할 것이다. 고래의 죽음을 노래한 슬프고도 아름다운 시 한 편을 읽는 것으로 이 글을 마친다.

>만년의 잠영을 끝낸 밍크고래가
>구룡포 부둣가에 누워있다
>
>바위판화 속 바래어가는 이름이나
>부두를 들었다 놓던 칼잡이의 춤사위이거나
>잊히는 일만큼 쓸쓸한 것은 없다
>허연 배를 드러낸 저 바다 한 채,
>숨구멍이 표적이 되었거나
>날짜변경선의 시차를 오독했을지도 모를 일
>고래좌에 오르지 못한 고래의 눈이
>칼잡이의 퀭한 눈을 닮았다
>피 맛 대신 녹으로 연명하던 칼이
>주검의 피비린내를 잘게 토막 낼 때면
>동해를 통째로 발라놓을 것 같았다
>조문은 한 점 고깃덩이나 원할 뿐
>고래의 실직이나 사인은 외면했다
>주검을 주검으로만 해석했기에 버텨온 날들이
>상처의 내성처럼 가뭇없다
>바다가 고래의 난 자리를 소금기로 채울 동안
>고래좌는 내내 환상통을 앓는다

테트라포드의 느린 시간을 낚는다

주검의 공범인 폐그물도 인연이라고

수장된 꿈과 비명 몇 숨 그물에서 떼어내자

반짝, 고래좌에 별 하나 돋는다

바다의 정수리

늙은 고래의 흐린 동공에 맺힌 달,

조등이다

-「고래 해체사」 전문

상상인 시선 029
왜 그리운 것들만 더디 바래지는지

초판 1쇄 발행 ㅣ 2022년 2월 18일

지 은 이 ㅣ 박위훈
북마스터 ㅣ 김유석 최지하 이선애 마경덕
뉴크리에이터 ㅣ 이만섭
표지디자인 ㅣ 최혜원

펴 낸 곳 ㅣ 도서출판 상상인
펴 낸 이 ㅣ 진혜진
등록번호 ㅣ 제572-96-00959호
등록일자 ㅣ 2019년 6월 25일
주   소 ㅣ 06621 서울시 서초구 서초대로74길 29, 904호
전화번호 ㅣ 010-7371-1871
전자우편 ㅣ ssaangin@hanmail.net

ISBN 979-11-91085-47-1 (03810)

값 10,000원

* 이 책은 전부 또는 일부 내용을 재사용하려면 반드시 저작권자와 도서출판 상상인의 동의를 받아야 합니다.
* 이 책은 교보문고와 연계하여 전자책으로도 발간되었습니다.